Todos los libros de Linkgua Ediciones cuentan con modelos de Inteligencia Artificial entrenados por hispanistas. Pregúntale al chat de tu libro lo que desees acerca de la obra o su autor/a.

Para **ebooks:** Accede a nuestro modelo de IA a través de este enlace.

Para **libros impresos:** Escanea el código QR de la portada con tu dispositivo móvil.

Obtén análisis detallados de nuestros libros, resúmenes, respuestas a tus preguntas y accede a nuestras ediciones críticas generativas para una experiencia de lectura más enriquecedora.
La transparencia y el respeto hacia la autoría de las fuentes utilizadas son distintivos básicos de nuestro proyecto. Por ello, las respuestas ofrecen, mediante un sistema de citas, las fuentes con las que han sido elaboradas.

Juan de Timoneda

Poemas
Sarao de amor

Barcelona 2024
Linkgua-ediciones.com

Créditos

Título original: Poemas.

© 2024, Red ediciones S.L.

e-mail: info@linkgua.com

Diseño de cubierta: Michel Mallard.

ISBN rústica: 978-84-9816-584-5.
ISBN ebook: 978-84-9897-938-1.

Cualquier forma de reproducción, distribución, comunicación pública o transformación de esta obra solo puede ser realizada con la autorización de sus titulares, salvo excepción prevista por la ley. Diríjase a CEDRO (Centro Español de Derechos Reprográficos, www.cedro.org) si necesita fotocopiar, escanear o hacer copias digitales de algún fragmento de esta obra.

Sumario

Créditos	4
Brevísima presentación	7
La vida	7
Sarao de amor	9
Libros a la carta	55

Brevísima presentación

La vida

Juan de Timoneda (1490?-1583). España.

Nació en Valencia, fue zurrador de pieles, impresor y librero. Es conocido como autor de farsas, dramas, comedias y entremeses, por lo cual es considerado un antecedente de Lope de Vega.

Su *Ternario sacramental* reúne seis autos sacramentales, y su obra escénica profana forma una colección titulada la *Turiana*. Escribió poemas, y publicó *Rosa de romances*, *Sobremesa y alivio de caminantes* y el conjunto de novelas *El patrañuelo*.

Sarao de amor

Canta el galán   Bajo'l verde está la fruta
de muy alto merecer
que por tiempo he de coger.

En el árbol salen flores
y hojas qu'es gran holganza,
las hojas dan esperanza
y las flores los amores.
Y la fruta los favores
de sabello mantener
que por tiempo he de coger.

Vos sois l'árbol, mi señora,
que dáis sombra a mis saludes,
la fruta vuestras virtudes
que todo el mundo enamora.
Vuestro vestido colora
mi esperanza sin perder
que por tiempo he de coger.

Noche y día he mantenido
recibiendo mil enojos
con lágrimas de mis ojos
este árbol tan polido.
Verdad es que no he cogido
la fruta de alto valer
que por tiempo he de coger.

Responde
la galana   Si la guarda no se duerme

según lo que pretendéis
no pienso que cogeréis.
Dese árbol que decís
la guarda es su honestidad,
y la perra la bondad
que siente por do venís.
Según lo que presumís
y yo siento y vos sabéis
no pienso que cogeréis.

Aquese mantenimiento
que de lágrimas le distes,
no ha sido si bien sentistes
sino descontentamiento.
Porque según lo que siento
en no hacer lo que debéis
no pienso que cogeréis.

Si esperanza os da la hoja
y virtudes son su fruta
pues virtud, virtud secuta
virtud es bien que la coja.
Y si otro se os antoja
de la fruta que querréis
no pienso que cogeréis.

Canta el galán   El hay, señora, que distes
que tan triste pareció
es hay que amor engendró.

Ese hay tan pronunciado
revestido de tristeza,

según su naturaleza
muestra ser enamorado.
Señora, en estremo grado
ese hay que se sintió
es hay que amor engendró.

Ya sé que ay hay de desencanto
si mi corazón descansa
ay otro hay que se lanza
cuando alguna cosa alcanzo.
Pero vuestro hay tan manso
según tristeza mostró
es hay que amor engendró.

En ese ay hay dolencia
y requiere medicina,
pues que l'ay, señora, aína
pedilda con diligencia
porque tengo intelligencia
quel hay que vuestra voz dio
es hay que amor engendró.

Responde la galana	Hay que con hay ay dolor, y sin hay ay mil dolores hay que no ay hay, señor, que no tenga un hay de amores.

No ay hay, que hay no sea
de algún dolor engendrado,
y así hay, si habéis mirado,
de la tristeza es librea.

El hay es apuntador
de dolorosos temores,
hay que no ay hay, señor,
que no tenga un hay de amores.

Pero guárdeos Dios, galán,
en haber si hay pasión,
porque muere el corazón
cuando suspiros no van.
Y así el hay interior
causa males muy mayores:
hay que no ay hay, señor,
que no tenga un hay de amores.

Este hay triste que oístes
de mi propio dolor sale,
y a este dolor no vale
sino vos que l'entendistes.
Por do hay grande o menor
a buenos entendedores,
hay que no ay hay, señor,
que no tenga un hay de amores.

Canta el galán

De los placeres me aparto
pues bajo tristeza veo
todo mi bien y deseo.

Los placeres vo olvidando
porque ya dellos no soy
la tristeza quiero, y voy
a mi señora imitando.
Ya si en ella contemplando

miro en su gentil aseo
todo mi bien y deseo.

Tras tristeza ay alegría,
y tras la guerra la paz,
y tras enojo solaz,
y tras noche viene el día.
Aguarda la pena mía
fiando en este rodeo
todo mi bien y deseo.

Tu luto causa tristeza
ad algunos y no a mí,
y es la causa ver en ti
l'esmalte de gentileza.
De constancia, amor, franqueza,
porque alcance me rodeo
todo mi bien y deseo.

Responde
la galana

Dejad esta tortolica
viuda triste y sin marido
que no conoce a Cupido.

Dejad a la que ha dejado
todas esas zalagardas,
y a la que con tocas pardas
al amor tiene olvidado.
Despedid ese cuidado
pues que sois hombre entendido
que no conoce a Cupido.

Dejad la tórtola triste
que su perdido amor llora,
y pesar en ella mora
viendo qu'en dolor se viste.
Resistid pues que resiste
al ciego desconocido
que no conoce Cupido.

No conoce al mentiroso
de Cupido y chocarrero
que vende como logrero
daño y promete reposo.
No's mostréis tan amoroso
a la que no's ha querido
que no conoce a Cupido.

Canta el galá   Engañástesme, señora,
de cortés,
nunca más me engañarés.

De aquel engaño pasado
con tan linda cortesía,
mayor engaño sería
no quedar desengañado.
Confieso que fui burlado,
mas después
nunca más me engañarés.

De mi mal tan lastimero
pensé, señora, corar,
y he venido a peorar
por creeros de ligero.

Si di, por no ser artero
al través,
nunca más me engañarés.

Si otros de agudezas llenos
con su dama sin compás
pierden por carta de más,
yo perdí en carta de menos.
Así se engañan los buenos:
otra vez
nunca más me engañarés.

Responde
la galana

Engañados son los bobos,
mi señor,
los mal diestros del amor.

No digo sabios, groseros
hasta engañar la mujer,
pero en público vender
y ellos contar los dineros.
Van por los despeñaderos
con dolor
los mal diestros del amor.

Con l'engaño que os hicieron
ninguna afrenta se os dio,
pues que mujer engañó
a los que más sabios fueron.
Por do culpa a mujer dieron
a sabor
los mal diestros del amor.

Si ogaño no sois travieso,
podreislo ser el que viene,
o mancebo, quel que tiene,
en perdello cobra seso.
Dejen pulpa, rohan hueso
con sudor
los mal diestros del amor.

Canta el galá   Morenica, qué has tenido
quel color tienes perdido.

Según tienes los desmayos,
son de pasiones ensayos,
y tus ojos como rayos
el corazón me han herido.
Morenica, qué has tenido
quel color tienes perdido.

Si pasiones, morenica,
tienes como testifica
tu rostro, a mí las aplica
si de mí han produzido.
Morenica, qué has tenido
quel color tienes perdido.

Di que tienes, amor mío,
por qué así diste desvío
a tu lindo y dulce brío,
o qué mal t'e merecido.
Morenica, qué has tenido
quel color tienes perdido.

Responde
la galana

          Tengo perdido el color
          de verte, falso amador.

          Perdido lo he en perder
          aquel tan buen parecer
          qu'en mí solías tener
          de leal y firme amor.
          Tengo perdido el color
          de verte, falso amador.

          Perdido cierto lo he
          pues me quitaste la fe,
          y asla dado a quien yo sé
          por mostrarte burlador.
          Tengo perdido el color
          de verte, falso amador.

          No me cumple encandilar
          con ese tu disculpar,
          qu'en ti ya no hay que fiar
          mi corazón fiador.
          Tengo perdido el color
          de verte, falso amador.

Canta el galán   Amich, deja'l festejar,
          que donzelles hui en día
          mostren en sa fantasia
          molt ergull, poch exovar.

          Amich, deja'l que't fa dany,

sense rahó no festeges,
y si l'afficló bandeges
podràs-ten dejar ab guany:
Mira, dejales estar,
que aprés de sa gallonia
mostren en sa fantasia
molt ergull, poch exovar.

Al cap porten la oradura
y tot l'exovar que tenen,
ab azò cacen y prenen
al que veuhen sens cordura:
Y per més disimular
que facen, ab sa follia
mostren en sa fantasia
molt ergull, poch exovar.

Los trajos les desigualen,
perque a fe si les repesen,
unes porten més que pesen,
altres porten més que valen.
Y axí tú si vols mirar,
veuràs com de cada día
mostren en sa fantasia
molt ergull, poch exovar.

Responde la galana

El casar, buen caballero,
s'es buelto mercadería,
pues vemos de cada'l día
que tiran más al dinero.

En tiempo antiguo tiraban
a la mujer, no en altezas,
y así muy más se casaban
en virtudes qu'en riquezas.
Pero ya rompió aquel fuero
los vicios, y grosería,
pues vemos de cada'l día
que tiran más al dinero.

Quien casar se quiere, pues
la riqueza no le enlace,
quel hombre y la mujer es
quien la hace y la deshace.
No sea tan mal puntero
que se apunte a tiranía,
pues vemos de cada'l día
que tiran más al dinero.

Escoja, lleve de coro
esto antes que anochezca,
no subjeción de tesoro,
sino mujer que obedezca.
Y pintallo emos casero,
no siga contraria vía,
pues vemos de cada'l día
que tiran más al dinero.

Canta el amigo   Galán, no hay quien os entienda,
sepamos si puede ser
qué tal es vuestro querer.

Vuestro amor no sé a qué tira

o por qué ley os fundáis,
pues quien mira no miráis,
y miráis a quien no mira.
Vos calláis, otra suspira,
cierto no puedo entender
qué tal es vuestro querer.

No hay juico que metigue
esto qu'en vos acontece,
una os huye, otra os sigue.
En verdad no hay quien desligue
por bien que piense saber
qué tal es vuestro querer.

No siento quien os declare,
y en tal laberinto entrar
perdido será en pensar
cuando en el entrar pensare.
Declárenos, si mandare,
y dadnos a conocer
qué tal es vuestro querer.

Responde amigo	Quien yo quiero, no me quiere,
	quiéreme la que no quiero,
	en fin, que penan, y muero.

Por las unas muero yo,
las otras mueren por mí,
a las que me dicen sí
respóndoles yo que no.
A las que me huyen, vo,
las que a mí vienen, no espero,

en fin, que penan, y muero.

Las que quiero obedecer,
no me quieren aun mirar,
y mueren por me hablar
las que yo no puedo ver.
No me quieren entender,
ni entender menos las quiero,
en fin, que penan, y muero.

Las unas de mí se alejan,
yo de las otras me alejo,
a las que me siguen dejo,
las que yo no sigo me dejan.
Las unas de mí se quejan,
yo de todas por entero,
en fin, que penan, y muero.

  Canta el galán   Qué será de mí si muero
no te pudiendo ver más,
pues viviendo desespero
de merecerte jamás.

Si viviendo, el merecer
no tengo de conseguir,
y viéndote, he de morir,
mejor fuera no nacer.
Pero no, nacido quiero
aguardar que oiréis,
pues viviendo desespero
de merecerte jamás.

Bien sé, triste, que muriendo
habrán ya mis males medio,
pero más quiero el remedio
aguardar triste viviendo.
Muestra tu rostro halagüero
que la vida me darás,
pues viviendo desespero
de merecerte jamás.

Quieres ver quál es mi suerte
o en mi mal si hay medida,
que ni descanso con vida,
ni alivio hallo en la muerte.
Pues del bien soy extranjero
huelgo del mal que me das,
pues viviendo desespero
de merecerte jamás.

Responde la galana

El que pone su esperanza
do ningún remedio espera,
no se queje porque muera.

El que pone su esperanza
en alta y dudosa parte,
de los placeres se aparte,
lléguese a desconfianza.
Y si la muerte le alcanza
en su tema lastimera,
no se queje porque muera.

El pensamiento atrevido

antes de s'enamorar,
mire si podrá abajar
por la parte que ha subido.
Quien esto no ha discernido
de amor siguiendo carrera
no se queje porque muera.

No se queje aquél que elige
amores, si en amor trata,
sino de la dama ingrata,
y no del mal que le afflige.
Pues l'atrevimiento rige

Canta el galán

Qué ves zagaleja
en ir por aquí,
que te veo aneja
sin estar en ti.

Qué ves, que no miras
cómo vas perdida,
y entre ti suspiras
de amores vencida.
Vencida, afligida
en ir por aquí
que te veo aneja
sin estar en ti.

Qu'es, díme zagala,
de tu discreción,
hermosura, y gala,
cayado, y zurrón.
Y tu corazón

perdístele, dí.
que te veo aneja
sin estar en ti.

Por causas muy justas
que hay en amar
el mesmo mal gustas
que diste a gustar.
Quién vas a buscar,
descúbrete a mí,
que te veo aneja
sin estar en ti.

Responde la galana

Veo las ovejas
orillas del mar,
no veo el pastor
que me hace penar.

Las ovejas veo
orillas del río,
no ve mi deseo
el dulce amor mío.
Miro en derredor
del fresco pinar,
no veo el pastor
que me hace penar.

Los perros y el manso
veo, y su bardina,
mi gloria y descanso
no veo, mezquina.

Por bien quel amor
me esfuerza a mirar,
no veo el pastor
que me hace penar.

Veo muy esenta
su choza sombría,
sin ver quien sustenta
aquesta alma mía.
Veo mi dolor
crecer y menguar,
no veo el pastor
que me hace penar.

Canta el amigo Mejor partido me fuera
no partir cuando partí,
si en partiendo no perdiera
vida y alma que perdí.

Si en partir fuera partido
el corazón que se parte,
no sintiera mi sentido
el dolor qu'en mí reparte.
Sé que con partir pudiera
no sentir lo que sentí,
si en partiendo no perdiera
vida y alma que perdí.

Mejor partido, partiendo,
fuera para mí partida
desconocer, conociendo
quán amarga m'es la ida.

Bien sé yo que no partiera
lo que se partió de mí,
si en partiendo no perdiera
vida y alma que perdí.

Pártome de parte buena,
y en gustar este partir,
voy partiendo, no de pena,
mas partir para morir.
Tal dolor no conociera,
ni razón dirá de sí,
si en partiendo, no perdiera
vida y alma que perdí.

Responde el amigo Partiendo quien ama
de quien mucho quiere,
no parte, mas muere.

Si parte el amado
partida forzada,
en la cosa amada
se queda forzado.
Con este cuidado
qu'en el alma hiere,
no parte, mas muere.

Allí los favores,
partiendo quien ama,
s'encienden en llama
de mil disfavores.
Y en estos dolores
aquél que partiere,

no parte, mas muere.

Quien piensa apartarse
de su bien y amor,
de cualquier dolor
podrá bien quejarse.
Quejando, llorarse,
pues el que bien quiere
no parte, mas muere.

Canta el galán Si limitara mi vista
cual limitan el falcón,
limitara mi pasión.

Yo no digo que no's viera
señora de mi contento,
porque mayor descontento
a no veros cierto fuera.
Sino que si detuviera
no ver tanto su visión
limitara mi pasión.

Si mi vista limitara,
limitárase mi pena,
y si la tengo por buena
es porque me cuesta cara.
Si limitada y avara
fuera mi conversación
limitara mi pasión.

Ya que causaste que amase,
amor, esta mi fatiga,

da lugar con que la diga
pues me das con qué la pase.
Que si se desacordase
de tu tan flaca prisión
limitara mi pasión.

*Responde
la galana*

No limitéis los servicios,
galán, en quien los acoge,
quel que no siembra no coge.

Galán, pues son acogidos
los servicios y aceptados
no los tengáis por perdidos
sino por bien empleados.
Y en campo de enamorados
sabed, quien fuerza no acoge
quel que no siembra no coge.

Se os decir que, no gustasen
amantes de los amores,
si palabras no costasen
y fatigas, y dolores.
No dejéis tras sinsabores
quel buen servicio se arroge,
quel que no siembra no coge.

Diz que consiste en ventura
el sembrar del labrador,
y por continuar holgura
el qu'es discreto amador.
Y es menester la lavor

                qu'en paciencia se remoje,
                quel que no siembra no coge.

Canta el galán Águila que vas volando,
                lleva en el pico estas flores,
                dáselas a mis amores,
                dile cómo estoy penando.

                Lleva flores a la flor
                de mi salud y dolencia,
                y con salva real de amor
                saludarás su presencia.
                Mis encomiendas llegando,
                cual te dije, sin temores,
                dáselas a mis amores,
                dile cómo estoy penando.

                Y si ignoras quién es ella,
                solo en mirar su lindeza
                perderás la vista en vella
                que te dio... naturaleza.
                Las fuerzas d'estar mirando
                el Sol mundo, y sus primores,
                dáselas a mis amores,
                dile cómo estoy penando.

                Dirásle la pena fuerte
                que de su parte me guarda,
                y cuán cierta m'es la muerte
                si el remedio mucho tarda.
                Si de mí se va acordando,
                las mercedes y favores

       dáselas a mis amores
       dile cómo estoy penando.

Responde
la galana   Vuelve águila a volar
              al galán que a mí te embía,
              dirásle de parte mía
              que quien sirve a de penar.

              Vuelve por donde veniste,
              ante mí no te detengas,
              sino que vayas y vengas
              para consolar al triste.
              Y con tu gentil mirar,
              como de ti se confía,
              dirásle de parte mía
              que quien sirve a de penar.

              Vuelve águila depresto
              pues de ti quiso servirse,
              qu'en tardar podrá morirse,
              y serás tú causa desto.
              Y por más le consolar
              me prosiga en su porfía
              dirásle de parte mía
              que quien sirve a de penar.

              Vuelve, mis dichos se atajen,
              y dile si te parece,
              que gloria no se merece
              sin que por ella trabajen.
              Sufra si quiere gozar,

dirásle de parte mía
que quien sirve a de penar.

Canta el galán　　Haz jura, Menga,
si buen hado clamas,
zagal que a ti venga
dile que a mí amas.

Cualquier repicado
que s'enamorare
de ti, y se declare
por tu requebrado.
No escuches su arenga,
sus dichos ni tramas,
zagal que a ti venga
dile que a mía amas.

Bien puede mirarte
la tu quillotrencia,
mas no des audiencia
para requebrarte.
Que plática luenga
desdora las famas,
zagal que a ti venga
dile que a mí amas.

Yo sé que si juras
Menga qu'eres mía,
de enojo y porfía
que tú me aseguras.
Porque no detenga
tu gracia sus llamas,

zagal que a ti venga
dile que a mí amas.

Responde la galana

Carillo, duerme a buen sueño
y descuídate de ti,
que yo te juro por mí
de no tomar otro dueño.

Duerme en la desconfianza
pues que velo en no olvidarte,
recuerda por otra parte
en que no hagas mudanza.
Mira quán limpia t'enseño
l'afficción que puse en ti,
que yo te juro por mí
de no tomar otro dueño.

Carillo, vive contento
porque ventura y amor
en ti está y te da favor,
pues lo que tú sientes siento.
Y no temas que al bisieño
zagal de amor le dé el sí,
que yo te juro por mí
de no tomar otro dueño.

Esta mi alma cativa
toda la paseas y andas,
y señoreas y mandas
en ser tuya mientras viva.
Si muestro el gesto risueño

certifícote de aquí,
que yo te juro por mí
de no tomar otro dueño.

Canta el amigo

Los males que amor engendra,
vos que amores poseéis,
de dó nacen, si sabéis.

De dó nace el no querer.
De dó nace aquél si quiero.
De dó nace el desplacer.
De dó nace, hay que muero.
De dó nace desespero:
de vos que muerto me habéis.
De dó nace, si sabéis.

Aquel mostrar ser osado
en ausencia de su amada,
aquel ir determinado
y no determinar nada.
Aquel la lengua trabada
tener ante quien queréis,
de dó nace, si sabéis.

Aquel jamás repentirse
sin saber dó está su suerte,
aquel depresto rendirse
presumiendo tener fuerte.
Aquel no temer la muerte
aunque dos mil muertes véis,
de dó nace, si sabéis.

Responde el amigo Todos los males de amor
                nacidos, y por nacer
                nacen de tan solo el ver.

                Los ojos son dos falcones
                quel amor les a enseñado
                qu'en ver gesto delicado
                se suelten, cacen pasiones.
                Levante en los corazones
                yaguas para su beber
                nacen de tan solo el ver.

                Buscar motes, compañías,
                huir sin temer reproches,
                de los días hacer noches,
                de las noches hacer días.
                Mil mudanzas, mil porfías
                cuando asienta el bien querer
                nacen de tan solo el ver.

                El aborrecer parientes,
                juntamente amor de madres,
                el no temer a los padres
                causa amor si paráis mientes.
                Todos estos accidentes
                si bien saben discerner
                nacen de tan solo el ver.

Canta el galán   Tened quedos vuestros ojos
                tan hermosos y tan bellos
                porque me matáis con ellos.

Vuestros ojos, y niñeta
no me miren, porque son
para mí, y al corazón
dos muy agudas saetas.
Esconded aquellas tetas
y esos dorados cabellos
porque me matáis con ellos.

Teneldos bajos y quedos
no miren al que a mirado
do está su pena y cuidado,
sus osadías y miedos.
No los demostréis tan ledos
al que presume de vellos
porque me matáis con ellos.

Son como el Sol vuestros ojos,
que si los míos los miran
la fuerza y poder me tiran,
ciéganme, causan enojos.
Pues desplacer son despojos
de mí queráis escondellos
porque me matáis con ellos.

Responde
la galana

Vida mía, así gocéis,
el mirar no me quitéis.

No me quitéis el mirar,
que con él suelo alegrar
al corazón qu'en amar
ocupado le tenéis.

Vida mía, así gocéis,
el mirar no me quitéis.

Bien sois amador mal diestro,
no véis qu'en mirar os muestro
que mi corazón es vuestro,
y cativo a lo que véis.
Vida mía, así gocéis,
el mirar no me quitéis.

No entiendo vuestra porfía,
que si os miro es tiranía,
y si no descortesía,
mirad que no's entendéis.
Vida mía, así gocéis,
el mirar no me quitéis.

Canta el galán   En tiempos de agora
ya no hay confianza
pues la mi señora
me a hecho mudanza.

Mudanza me han hecho
mis amores cierto,
y tal qu'en mi pecho
estoy vivo y muerto.
Con tal desconcierto
estoy en la balanza
pues la mi señora
me ha hecho mudanza.

Son en este tiempo

falsos los quereres,
y por pasatiempo
nos burlan mujeres.
Afuera placeres
que pesar me alcanza
pues la mi señora
me a hecho mudanza.

Ya no hay que fiar
de mujer ninguna,
pues para engañar
sobra sóla una.
De buena fortuna
no tengo esperanza
pues la mi señora
me a hecho mudanza.

Responde la galana

Mudanza con arte
os he demostrado,
pues en otra parte
vivís namorado.

L'encarecimiento
que vivís, morís,
es si bien sentís
falso el argumento.
Que vivir os siento
muy falsificado,
pues en otra parte
vivís namorado.

En tiempo presente
l'amor qu'es entero
es muy verdadero
de mujer prudente.
En vos no se siente
prudencia ni estado,
pues en otra parte
vivís namorado.

De los hombres digo
si como vos son,
qu'engaño y traición
tenéis por abrigo.
Id para enemigo
falso reprobado,
pues en otra parte
vivís namorado.

En fin os mostráis
perrillo de bodas.
requestando todas,
y ninguna amáis.
Muy bien blasonáis
ya sois divulgado
pues en otra parte
vivís namorado.

Canta el galán   Moriré si sois servida,
mi señora, en buena fe,
que de amores moriré.

Temo tanto lo que quiero

que tomaré por partido
sufrir la muerte que pido,
qu'esperar tanto el qu'espero.
Si desta causa no muero,
a la postre yo bien sé
que de amores moriré.

Cuando por honra se da
la vida es bien empleada,
quién por muerte tan honrada
cien mil vidas no dará.
Si el temor temiendo está
el alma dice y mi fe
que de amores moriré.

Moriré, que muerte es vida
en morir por vos señora,
moriré luego a la hora
si sé que sois servida.
Moriré en pena crecida
si no hay quien me aya mercé
que de amores moriré.

Responde
la galana

Nunca vi muerto de amores
a ningún fiel amador,
por amores, sí señor.

Quien de amor está llagado
dos mil muertes se atribuye,
y de ninguna no huye
pues no es mortal su cuidado.

De amores no ha sido ahogado
Leandro el buen amador,
por amores, sí señor.

De amores nunca fue visto
quel buen Píramo muriese,
ni Acteón comido fuese,
ni desastrado Calisto.
Ni Paris robusto y quisto,
ni aquel nombrado Agenor,
por amores, sí señor.

No perdáis por mí la vida,
que si la perdéis, yo sé
que os dirán hombre sin fe,
y a mí cruel homicida.
Merced con muerte venida
no tiene ningún sabor,
por amores, sí señor.

Canta el galán   Salga, salga de la danza
la que hiere, prende, y mata
porqu'es una perra ingrata.

Salga de conversación
la que crueldad mantiene,
salga ya la que no tiene
de los hombres compasión.
Salga la qu'en presunción
a todo hombre desacata
porqu'es una perra ingrata.

Salga, no baile entre gente
porque causa más tristeza,
esconda su gentileza,
quítese l'inconveniente.
Salga fuera pues no siente
con qué desamor me trata,
porqu'es una perra ingrata.

Salga, no baile, ni cante
canciones mal[e]as ni buenas,
porque no engendre más penas
en su triste y pobre amante.
Con su rostro rutilante
mis entrañas disbarata
porqu'es una perra ingrata.

Responde
la galana

Aunque me pintéis ingrata
de la danza no saldré,
que no hay qué, ni para qué.

Si escucháis vuestra querella
veréis que mi ingratitud
es amiga de virtud,
y es bien la mujer tenella.
No's quejéis de mí, ni della,
si no demostraros he
que no hay qué, ni para qué.

Esa mesma crueldad
que vos en vos engendráis,
cuanto más la publicáis

publicáis mi honestidad.
No me llaméis, por bondad,
perra, pues que tengo fe,
que no hay qué, ni para qué.

Que no cante, eso sería
quitarme que no hablase,
y que no manifestase
vuestra tan loca porfía.
Presunción, ni villanía
en mí no hay razón qu'esté,
que no hay qué, ni para qué.

Canta el amigo   Deja amigo las casadas,
quel requebrar las infama,
las doncellas sirve y ama.

Déjalas, no las requiebres
pues que son ya requebradas
de sus maridos, y amadas,
sus amores no les quiebres.
Déjalas porque son liebres
que no has de cazar su fama,
las doncellas sirve y ama.

Déjalas pues no se curan
de ti, no te cures dellas,
si no ama las doncellas,
a las que amores procuran.
Las casadas te aseguran
de honestidad y su trama,
las doncellas sirve y ama.

Cuando no parases mientes
en mi canto y proceder,
mira que puedes caer
en otros inconvenientes.
Las casadas entre gentes
honra y mira como dama,
las doncellas sirve y ama.

Responde el amigo Por mis penas vi
querer de doncellas,
vencime por ellas,
mas nunca vencí.

Reviven si muero,
si aflojo acrecientan,
sin causa atormentan
al más verdadero.
El bien que sentí
son pena y querellas,
vencime por ellas,
mas nunca vencí.

Sojuzgan los ojos,
desdeñan con obras,
y son las sosobras
pesares, y enojos.
Partiendo de mí
gusté sus centellas,
vencime por ellas,
mas nunca vencí.

　　　　　　　　　Es cosa muy fuerte
　　　　　　　　　de ver su amor frío,
　　　　　　　　　y el darnos desvío
　　　　　　　　　es sentir la muerte.
　　　　　　　　　Por do no perdí
　　　　　　　　　mis justas querellas
　　　　　　　　　vencime por ellas,
　　　　　　　　　mas nunca vencí.

Canta el galán　　Es como el Sol reluciente,
　　　　　　　　　hermosa y sin tener par
　　　　　　　　　la que a mí hace penar.

　　　　　　　　　Es una segunda Dido
　　　　　　　　　la que a mí me prende y mata,
　　　　　　　　　es l[e]a que me suelta y ata
　　　　　　　　　descanso de mi sentido.
　　　　　　　　　Es la que me ha socorrido
　　　　　　　　　en mi congoja y pesar
　　　　　　　　　la que a mí me hace penar.

　　　　　　　　　Es una Penálope
　　　　　　　　　de dos mil gracias extrenus,
　　　　　　　　　es una segunda Venus
　　　　　　　　　alejandrina en mercé.
　　　　　　　　　Es la que guarda la fe
　　　　　　　　　sin perdella, ni quebrar
　　　　　　　　　la que a mí hace penar.

　　　　　　　　　Es un hábito vestido
　　　　　　　　　de mi alma hecho a su grado,
　　　　　　　　　que mis ojos lo han cortado,

       y esperanza lo ha cosido.
       De hermosa tiene apellido
       y así se suele llamar
       la que a mí hace penar.

Responde
la galana   Hermosura no la he,
       la gracia Dios me la dé.

       Si quiso naturaleza
       no dotarme en gentileza,
       ame dotado en firmeza
       con la cual proclamaré,
       la gracia Dios me la dé.

       Ser la persona graciosa
       es una muy gentil cosa
       muy más que no ser hermosa,
       y así con tino diré,
       la gracia Dios me la dé.

       Bien sé que mucha hermosura
       a veces trae procura
       de sobervia, y de locura,
       por do siempre cantaré,
       la gracia Dios me la dé.

Canta el amigo Aquel pastorcico
       qu'está bajo el robre
       digo qu'está rico
       pues de amor es pobre.

Cuán bien fortunado
es aquel pastor
por no haber gustado
qué cosa es amor.
Aunque pobrecico
viva, y no le sobre,
digo qu'está rico
pues de amor es pobre.

Huélgase en sombríos
y en su cabañuela,
huelga ver los ríos
l'ave como buela.
Si pierde el pellico,
aunque no le cobre
digo qu'está rico
pues de amor es pobre.

Goza en ver las fuentes
sus reses preñadas,
y tiene las mientes
limpias, sosegadas.
Aunqu'el calderico
no tenga de cobre
digo qu'está rico
pues de amor es pobre.

No tiene pensijos
que le den cordojos,
mas libre de enojos
busca regocijos.
Con que al zurroncico

             tasajo le sobre
             digo qu'está rico
             pues de amor es pobre.

Responde el amigo Al más avisado
             y rudo pastor
             qu'es pobre de amor
             digo desdichado.

             Los simples pastores,
             y los más sesudos
             que siguen amores
             salen más agudos.
             Pero el descuidado
             falto de primor
             qu'es pobre de amor
             digo desdichado.

             L'amor es escuela
             d'esfuerzo, y crianza,
             y do siempre vela
             saber, y pujanza.
             Y al más intrincado
             diestro bailador
             qu'es pobre de amor
             digo desdichado.

             De desdicha, parte
             tiene quien desdeña
             al amor, pues arte
             y limpieza enseña.
             El más estimado

de cualquier valor
qu'es pobre de amor
digo desdichado.

El amor esmalta
nuestra ligereza,
cubre alguna falta
de naturaleza.
Mote muy mirado,
dicho de sabor
qu'es pobre de amor
digo desdichado.

Canta la galana   No queráis a quien no quiere
quereros, por no querer
al amor os someter.

No queráis, porque yo quiero
amador desengañaros
amando viviendo amaros
a que os sujetéis primero.
Y os lo diré por entero
pues queréis sin deprender
al amor os someter.

Lo primero, Dios os guarde,
es que habéis de ser celoso,
servicial, y bullicioso,
hablar muy poquito, y tarde.
Ser osado, ser cobarde,
podéis con esto entender
al amor os someter.

Ser solícito, y secreto,
ser sufrible, conversable,
ser firme, no variable,
ser junto, necio, y discreto.
Ser temido, ser sujeto,
y con discreción saber
al amor os someter.

Responde el galán Perla graciosa
estela del día,
señora donosa
quí no us amaria.

Dama de bell grat,
mon bé, y mon delir,
lavis que m'au dat
no'l vos tinch servit.
Ab tal llizó rosa
de tanta armonia
senyora donosa
quí no us amaria.

Descans de ma vida,
llum de mes entrañes,
de virtuts fornida,
de gràcies estrañes.
Escola abundosa
de sabiduria,
senyora donosa
quí no us amaria.

Dels meus ulls espill,
port de grans favors,
hon les mies dolors
entren sens perill.
Hon tostemps reposa
esta ànima mia,
senyora donosa
quí no us amaria.

Canta el amigo Seguir quiero mis amores
con constancia, amor, y fe,
ver si los alcanzaré.

Seguir quiero, quel seguir
es señal de gran esfuerzo,
y pues con amor converso
cualquier mal podré sufrir.
Con sufrir, y proseguir
mis deseos seguiré
ver si los alcanzaré.

Seguir quiero mi porfía
pues lleva por apellido
de morir y ser vencido
por la qu'es señora mía.
Tras mis placeres hoy día
como el gamo correré,
ver si los alcanzaré.

Amigo, doy a'ntenderme
según las penas consigo,
que si mis amores sigo

	que por tiempo han de valerme.
	Ellos han de socorrerme,
	solo a ellos serviré
	ver si los alcanzaré.

Responde el amigo Hay que para todos hay
	de suspirar y gemir
	si amores quieres seguir.

	Siguen cuanto seguir quieres
	tus amores, o porfías,
	que más ciertas son sus vías
	d'enojos, que de placeres.
	No sigas tus pareceres
	sin primero decernir
	si amores quieres seguir.

	Ay, si tu bien paras mientes
	para tus ojos llorar,
	para tu lengua quejar,
	para tu vida, accidentes.
	Para murmurar las gentes,
	para tu mano escrevir
	si amores quieres seguir.

	Para tus amigos pena
	de verte penar así,
	sufrimiento para ti
	que a las veces te condena.
	Un hay que a veces te ajena
	de descansado vivir,
	si amores quieres seguir.

Canta la galana   El que piensa ser querido
no se lo piense,
porque a veces lo torcido
se destuerce.

El que piensa ser amado
sin sabello
sé que ha de quedar burlado
al fin dello.
El bien que habrá conseguido
no converse,
porque a veces lo torcido
se destuerce.

El que piensa que su pena
es ya oída,
no lo piense que se ajena
de su vida.
Ni piense de ser creído
con dolerse,
porque a veces lo torcido
se destuerce.

No piense que por ser visto
ya le aman,
ni de mal está previsto
si le llaman.
No piense estar muy subido
sin caerse,
porque a veces lo torcido
se destuerce.

Responde el galán   No penséis lo que no pienso
　　　　　　　　　señoras mías
　　　　　　　　　que otras son mis fantasías.

　　　　　　　　　Señoras, dadme primero
　　　　　　　　　a saber por qué mudanza
　　　　　　　　　me decís en esta danza
　　　　　　　　　que de amores peno y muero.
　　　　　　　　　Amores yo no los quiero
　　　　　　　　　señoras mías
　　　　　　　　　que otras son mis fantasías.

　　　　　　　　　No quiero al que a de querer
　　　　　　　　　forzarme mi voluntad,
　　　　　　　　　cativar mi libertad
　　　　　　　　　desterrarme mi placer.
　　　　　　　　　De todo hecharme a perder
　　　　　　　　　señoras mías
　　　　　　　　　que otras son mis fantasías.

　　　　　　　　　No me cumple convidar
　　　　　　　　　a bocados de dolor,
　　　　　　　　　ni a bebidas de amargor,
　　　　　　　　　ni a dormir sin descansar.
　　　　　　　　　Ni quererme subjetar
　　　　　　　　　a niñerías
　　　　　　　　　que otras son mis fantasías.

　　　　　　　　　Fin

Libros a la carta

A la carta es un servicio especializado para
empresas,
librerías,
bibliotecas,
editoriales
y centros de enseñanza;
y permite confeccionar libros que, por su formato y concepción, sirven a los propósitos más específicos de estas instituciones.

Las empresas nos encargan ediciones personalizadas para marketing editorial o para regalos institucionales. Y los interesados solicitan, a título personal, ediciones antiguas, o no disponibles en el mercado; y las acompañan con notas y comentarios críticos.

Las ediciones tienen como apoyo un libro de estilo con todo tipo de referencias sobre los criterios de tratamiento tipográfico aplicados a nuestros libros que puede ser consultado en Linkgua-ediciones.com.

Linkgua edita por encargo diferentes versiones de una misma obra con distintos tratamientos ortotipográficos (actualizaciones de carácter divulgativo de un clásico, o versiones estrictamente fieles a la edición original de referencia).

Este servicio de ediciones a la carta le permitirá, si usted se dedica a la enseñanza, tener una forma de hacer pública su interpretación de un texto y, sobre una versión digitalizada «base», usted podrá introducir interpretaciones del texto fuente. Es un tópico que los profesores denuncien en clase los desmanes de una edición, o vayan comentando errores de interpretación de un texto y esta es una solución útil a esa necesidad del mundo académico.

Asimismo publicamos de manera sistemática, en un mismo catálogo, tesis doctorales y actas de congresos académicos, que son distribuidas a través de nuestra Web.

El servicio de «libros a la carta» funciona de dos formas.

1. Tenemos un fondo de libros digitalizados que usted puede personalizar en tiradas de al menos cinco ejemplares. Estas personalizaciones pueden ser de todo tipo: añadir notas de clase para uso de un grupo de estudiantes, introducir logos corporativos para uso con fines de marketing empresarial, etc. etc.

2. Buscamos libros descatalogados de otras editoriales y los reeditamos en tiradas cortas a petición de un cliente.

www.ingramcontent.com/pod-product-compliance
Lightning Source LLC
Chambersburg PA
CBHW022125040426
42450CB00006B/850